I0263955

L41b
4128

APERÇU RAPIDE
SUR
L'ÉTAT POLITIQUE
DE LA
COMMUNE DE TARASCON
SUR-RHONE.

LA VÉRITÉ SAUVE LE PEUPLE.

APERÇU RAPIDE
SUR
L'ÉTAT POLITIQUE
DE LA
COMMUNE DE TARASCON SUR-RHONE.

La vérité sauve le Peuple.

TARASCON, préfenta dès le commencement de la révolution deux *partis*, qui l'un & l'autre fous les enfeignes de la liberté fe firent une guerre ouverte. Deux Clubs s'organifèrent, l'un connu fous le nom de *Dominicain*, l'autre fous celui de maifon *Barthez*. Le premier appartenoit à cette claffe qu'on appelloit *Bourgeois*, *Gentilhommes*, le second n'étoit composé que d'Agriculteurs & d'Artisans ; l'un ne parloit liberté, que pour en arrêter les progrès, l'autre s'efforçoit de l'établir. Des événemens ont lieu, les *Dominicains* sont détruits, la maison *Barthez* seule subsiste ; des grands événemens se succèdent rapidement, le fédéralisme naît & veut s'élever sur les débris de l'unité de la République.

Marseille, cette Commune qui a rendu des services si importans & causé tant de maux à la patrie, propage son système liberticide ; la République est menacée de déchirement, la Convention de dissolution ; des traîtres secondent ce projet nationicide. *Mauche* père, ex Législateur, Agent de Capet, Procureur du ci-devant roi ; *Mauche père, qui, en 1791, écrivoit* qu'il respectoit le Pape en matière de foi. *Mauche* père, dont le physique dévoile la trempe de l'ame, dans la Société populaire de Tarascon, à la séance du 4 Juin 1793, écrit de sa propre main sur le registre, une motion dans laquelle il dit formellement, qu'il faut être d'accord *sur les principes d'un gouvernement*, comme si à cette époque, le gouvernement républicain n'eut pas existé. Mauche fils, trop célèbre dans Tarascon par les scènes qui s'y sont passées, alors Administrateur du Département des Bouches-du-Rhône, Agent de Castelanet & de Peloux, publie une adresse à ses Commettans, tendante *à provoquer un autre gouvernement & à rappeller les émigrés*. Mauche père, par ses circulaires en qualité de Procureur-Syndic du District de Tarascon, égare l'opinion publique, Mauche fils, comme Administrateur, en parcourant le Département, la pervertit, l'entraîne dans le système sectionnaire.

Le ravage du fédéralisme s'accroît, les patriotes sont incarcérés, Mauche père & fils, payés d'ingratitude de la part des sections, essuyent le même sort. Le mal empire, la Convention est méconnue, l'étendart de la contre-révolution est levé.

La Convention Nationale grande comme

le peuple qu'elle repréfente, réfolue de remplir fes hautes deftinées, donne au peuple français un point de ralliement, la conftitution. Les zélateurs de la liberté s'y rallient; les amis de l'Angleterre pâliffent, les Républicains pouffent un cri de victoire à la voie de la repréfentation nationale, ils marchent après avoir juré de vaincre, les villes rebelles font rendues à la République, les fers des patriotes font brifés, l'ariftocratie fuit ou périt, le midi eft fauvé.

Les Sociétés populaires rouvrent alors leur féance. Les patriotes victimes des atroces perfécutions des fédéraliftes reprennent leur énergie, la Convention la feconde, des décrets fulminans, mais juftes font rendus par elle contre les hommes qui, fous le nom de *République indivifible*, avoient machiné de rompre fon unité, pour relever plus fûrement les marches du trône. Des Tribunaux font établis, les têtes des fédéraliftes & des royaliftes tombent fous le glaive des lois.

Mauche père & fils, honteux d'avoir provoqué & soutenu l'établissement du systême sectionnaire, s'efforcent de faire oublier leur conduite passée, ils paroissent à la Société populaire, ils parlent de leur souffrances, ils intriguent & s'en érigent les meneurs. Fabre, ancien Commissaire du Département des Bouches-du-Rhône à Avignon, Michel beau-père de Mauche fils, les secondent pour consolider leur usurpation. Liés d'intérêts des vues ambitieuses, ils se coalisent, bien décidés de ne point se déserter.

Un fédéralisme non moins dangereux que celui que le peuple français venoit de détruire, s'organise, Payan créature de Silla Robespierre, s'en déclare le chef, les Lacroix, les Isoard accourent à Valence (1) Mauche père vole à ce rassemblement. Des mesures sont prises entr'eux, les intrigans se distribuent les rôles, le congrès se dissout. Mauche père retourne à Tarascon, Bonamy, Fabre,

---

(1) Un très-grand nombre de patriotes se rendit à Valence. Les meneurs seuls y apportèrent des intentions perfides.

Mauche fils & Michel se joignent à lui, ils se concertent.... fiers de l'amitié de Payan, forts par conséquent de la protection de Robespierre ils n'ont plus de frein, ils despotisent la Société populaire. Bientôt tout cède à leurs vœux, un Comité de surveillance se compose illégalement, & assure la perpétuité de leur domination (2) la terreur qui ne doit être à l'ordre du jour que pour ceux qui servent Pitt & regrettent Capet, entre dans l'ame des bons citoyens, ils sont comprimés, ceux qui entravent leur marche sont abbatus, des vengeances sont exercées, des injustices sont commises, toujours au nom de la loi qui les proscrit. Enfin, la volonté de ces tyrans tricolors, se change en oppression liberticidement populaire.

Ils règnent...... tout s'anéantit devant eux, les fondateurs de la Société populaire qui refusent d'être leurs complices en sont

_____

(2) Les Mauche, &c. firent nommer à la Société populaire, les Membres du Comité de Surveillance au mépris de la loi du ......

exclus. Ils règnent.... lorfque foudain, le tonnerre révolutionnaire lancé par la Convention Nationale pulvérife l'infâme Robefpierre, le coup qui frappe le moderne Catilina les décourage, mais ne les abbat point. Caméleons politiques, ils changent de formes. Ils prêtent aux victimes qu'ils avoient marqué, leurs projets fanguinaires. La vérité jufqu'alors obfcurcie commence à briller. Les vrais Républicains fe décompriment. A peine effaient-ils de brifer le joug, que les continuateurs de Robefpierre redoutans d'être renverfés levent le mafque. Dès-lors plus de mefure dans leurs démarches; ils réfolvent de faire un dernier effort, la Société populaire leur paraît le moyen le plus sûr pour les couronner. Ils tentent de faire fervir le peuple toujours bon, lorfqu'il n'eft point égaré, d'inftrumens à leurs complots conventionicides. La préfidence devient fucceffive à Mauche père, Mauche oncle, Mauche fils & à Michel fon beau-père; fous celle de Mauche père, les mots de *à bas les mo-*

dérés, *vive les Jacobins*, font préférés, la Convention Nationale eft oubliée. Les meneurs avoient leur but : ils ne pouvoient l'atteindre qu'en amenant le peuple à l'oubli de l'autorité légitime ; Convention Nationale ! il eft donc vrai que des intrigans vouloient créer un centre de pouvoir, pour le mettre en oppofition avec les Jacobins, dont tu fut conftamment l'appui tant qu'ils ne cefsèrent d'être les défenfeurs des principes !!! Les Mauches, les Fabre, les Bonamy, les Michel redoublent d'audace, ils dreffent leurs bateries, & ont recours à la force des bayonnettes, ils font demander des armes à la Municipalité, & arrêtent la permanence. Pour compléter leur mefure, Mauche fils eft député à Paris auprès des Jacobins, à l'effet d'agir au nom du peuple que les héritiers de Robefpierre fe difent repréfenter (3);

---

(3) Mauche fils, ce Député de la Société populaire, pour colorer fon voyage à Paris, fe fait charger de la miffion de remettre à la Convention 3000 liv. deftinées à la conftruction d'un vaiffeau ;

mais ce n'étoit pas tout que d'avoir ainsi participé au rassemblement qui se faisoit à Paris, il falloit préparer le peuple à la révolte. Instruits par leurs complices de la conjuration qui se tramoit à Marseille, ils parviennent sous la présidence de Michel, beau-père de Mauche fils, de mettre la Société populaire en rebellion; le troisième Vendémiaire, deux jours avant qu'à Marseille, l'assassinat *des Représentans du Peuple Auguis & Serres* fut tenté, ils font délibérer

---

si les intentions & celles des meneurs n'eussent pas été perfides, la somme auroit été envoyée directement à la Convention, & alors au lieu de 3000 liv. on auroit envoyé 6000 liv., en y comprenant les 3000 liv. de frais de voyage. Mais il falloit couvrir la députation aux Jacobins, les frais de voyage étoient *de peu de conséquence*, puisque les Mauche, les Fabre faisoient ordonner des contributions à certains Membres dont le paiement s'effectuoit sous peine d'exclusion. Souvent après avoir reçu les sommes de la part des patriotes, ils les excluoient, s'ils voyoient ne pouvoir en faire une créature. Tels sont Boudey, Durand, Beuchaud, &c. &c.

d'inscrire sur la principale porte de la Société populaire, sur une toile grise, ces mots, *Citoyens la patrie est en danger, soyez débout.* (4) La rebellion ainsi organisée, ils essaient de la réaliser. Le tocsin est sonné avec la cloche tout exprès placée à la Société populaire. Les citoyens accourent, parmi eux se trouvent plusieurs non clubistes, pour prix de leur zèle ils sont admis. Les Exécuteurs testamentaires de Robespierre croyant leur coup assuré, se découvrent, ils confectionnent une liste de *Citoyens pauvres & non armés*, pour, sur un billet du Président, prendre des armes chez l'Armurier... leur projet ne se bornoit pas seulement d'insurrectionner Tarascon, ils vouloient encore insurrectionner Paris. L'inscription rebelle est envoyée aux Jacobins. Leur digne émissaire Mauche fils est là pour en favoriser le funeste résultat. O vrais Jaco-

───────────

(4) Cette délibération, ainsi que toutes celles qui sont relatées existent dans le registre de la Société populaire.

bins! Quel outrage en vous supposant des intentions si perfides : les meneurs suivent activement leurs complots, ils font encore demander des armes & des cartouches à la Municipalité. Celle-ci brave leur courroux, & les leur refuse. Furieux, ils persévèrent dans le projet de s'armer, lorsque tout-à-coup les Représentans du Peuple, Auguis & Serres paroissent dans cette Commune. La verge de feu qui opprimoit les vrais amis de la République est brisée, ils respirent.... Ils parlent,... les Représentans les entendent, en vain les Mauche, les Fabre & leurs satellites se présentent à eux, l'opinion publique se prononce, ils sont reconnus & destitués.

Peuple! nous venons d'arracher la vérité du gouffre où la tenoit captive, les hommes que nous te signalons. Les poignards que la scélératesse aiguise, ne nous intimident point. Aye le courage d'être libre. Venge, par l'organe des lois, l'outrage fait à ta liberté par des hypocrites qui, en parlant de ses bienfaits vouloient te la ravir. N'oublie jamais que si les Mauches père & fils, les Fabre ont crié *Constitution*, République, ce n'a été que pour s'en approprier les avantages. Amis des fédéralistes, ils favorisoient leurs projets. Ardens partisans de Robespierre pendant son règne, ils ont professé son système, après sa chûte, ils ont maudit publiquement sa mémoire & suivi exactement ses principes. Et ce sont ces hommes qui jusqu'aujourd'hui ont régné, eux qui ont été & qui sont de tous les temps, de tous les sens & de tous les partis. Peuple, juge-les . . . . .

Signés, JEAN BONNET, ANTOINE BOUDOY, JEAN DURAND, ANTOINE JULLIAN, BOUDOY, RICOU cadet, PIERRE SAVOY, MAUCHE fils cadet, PIERRE SAUSSE, BERNARD FONTAINE.

NOUS OFFICIERS MUNICIPAUX de cette Commune de Tarascon, Chef-lieu du District, Département des Bouches-du-

Rhône, régénérés par les citoyens SERRES & AUGUIS, en vertu de leur arrêté, en date du vingt-sixième Vendémiaire : Certifions & attestons à tous qu'il appartiendra que les citoyens qui ont signé ci-dessus, sont doué d'un civisme pur, au seing desquels pleine & entière foi doit être ajoutée, & pour être la vérité telle, avons fait apposer le sceau de la Municipalité, à Tarascon ce sixième Brumaire, l'an troisième de l'Ère républicaine.

Signés, CHARTROUX, DUSSAU, LOUIS ANEZ, Officiers Municipaux.

RAOUX fils cadet, Secrétaire-Greffier.

A ARLES, De l'Imprimerie Nationale de G. MESNIER, Fils, Imprimeur du District de Tarascon.

www.ingramcontent.com/pod-product-compliance
Lightning Source LLC
Chambersburg PA
CBHW060932050426
42453CB00010B/1977